AMOR AL PRIMER ¡MUJIDO!

por

LAURA MATSUDA

Derechos de autor © 2023 por Laura Matsuda

ISBN: 978-1-961526-78-5

Todos los derechos reservados. Ninguna parte de este libro puede ser reproducida o transmitida en cualquier forma o por cualquier medio, electrónico o mecánico, incluyendo fotocopias, grabaciones, o por cualquier sistema de almacenamiento y recuperación de información, sin permiso en escrito del propietario de los derechos de autor.

Las opiniones expresadas en este trabajo son exclusivas del autor y no reflejan necesariamente los puntos de vista del editor; y eleditor se exime de cualquier responsabilidad por ellos.

Para solicitar copias adicionales de este libro,comuníquese con:

Proisle Publishing Services LLC

39-67 58th 1st piso Woodside

Nueva York, NY 11377, USA

Teléfono: (+1 646 480 0129)

info@proislepublishing.com

En honor a:

Laurie Anne McKenna

Impulsadora y Amiga

De Laura

Este libro pertenece a

_____

Escuché un suave y débil sonido de ternero.

y me di la vuelta para mirar.

Allí estaba.

Temblando, húmedo, con los ojos cerrados, apenas respirando.

El ternero estaba temblando y muy, muy enfermo.

Este pequeño necesitaba ayuda.

Nadie lo quería.

Dije: "Oh, papá. ¿Podemos llevárnoslo?

Si no lo hacemos, morirá".

El trabajador dijo: "Llévenselo".

Y así fue.

Papá lo subió a la cabina del camión, envuelto en una chaqueta grande y vieja.

Lo llevamos a casa lo más rápido que pudimos.

Lo llamé Rolando. Estaba muy enfermo.

"Ayúdanos a salvarlo", decía una y otra vez.

Mi padre lo acostó sobre mantas junto al fuego.

Lo frotamos y lo frotamos para calentarlo.

No despertaba.

No podía mantener la cabeza erguida ni chupar un biberón.

Simplemente se tiró de lado

Papá consiguió una jeringa con medicina para ayudar.

Luego lo subimos a una tina redonda,

No sabíamos si viviría hasta la mañana siguiente.

¡Pero lo hizo!

"¿Dónde estoy?" dijo Rolando.

"Tenía tanto frío antes. Ahora estoy calientito".

Al bajar las escaleras, escuché un suave mugido. Nos saludó, asomándose por el borde de la bañera con esos hermosos ojos de ternero

"Esa es la niña que me ayudó, y ese es el hombre".

"¿Qué es eso en su mano?"

"¿Es para mí?"

"¡Esto sabe delicioso!"

Estaba despierto y hambriento, jalaba y chupaba del biberón con tanta fuerza como podía. Durmió mucho durante esos primeros días. Comió y se hizo más fuerte.

Pronto estuvo de pie, **mugiendo fuertemente**, despierto y feliz de vernos por la mañana.

¡**Y muy** emocionado por su desayuno!

Cada día se hacía más fuerte.
En unos días más,
estaba afuera mirando a su alrededor

sobre sus piernas muy tambaleantes..

"Me voy a caer", gritó.
"¡NO, no me voy a caer!
La niña me está ayudando. La niña me simpatiza "

¡Rolando empezó a explorar!

Un día vio algo, y se acercó

y se acercó más

Pensó: "¿Qué es esto? Es muy pequeño".

Lo olió.

¡¡Se movió!!

¡¡Era hermoso!!

¡Era una mariposa!

"Oh, qué bonito", dijo.

"¿Puedo comerlo?"

Entonces, se fue volando.

Rolando observó cómo se alejaba revoloteando hacia

los arbustos de flores.

Caminamos por el estanque y en el prado.
Rolando mordisqueso la hierba tierna y
Vio los Gansos Canadienses y los patos.

"Tal vez debería perseguir a los gansos", pensó.
"No", recordó.
"Están cuidando a sus bebés ahora".

Le encantaba que le rasquen y le hablen.
"Eso se siente tan bien", penssaba Rolando.
Me miraba directamente a los ojos,
mientras le frotaba las orejas, el cuello y
se rascaba la barbilla.
¡Era un becerro muy guapo!
Le di un beso en la frente.

"Es agradable estar aquí caminando con la niña", pensó.
Ella es tan amable conmigo.
Estoy a salvo aquí".

Cerca del granero, se divertía con dos cerditos.
Se molestaban el uno al otro y corrían en círculos jugando a la mancha.
¡Los tres se tiraban en la hierba y descansaban! Cerditos felices y un Rolando feliz.

"¡Esto es genial!
¡Amo a mis amiguitos, incluso si hablan raro!"
dijo Rolando

Me seguía por el patio, siempre cerca.

Incluso salía a la letrina con nosotros,

y descansaba en la hierba mientras!

"¡Espero que no se tarde mucho!

¡Quiero ir a correr y jugar en el campo!"

Esperaba pacientemente.

Era juguetón y tonto a veces, corriendo alegremente, lleno de alegría, pateando sus patas traseras en el aire. Cómo amaba a ese becerro y él me amaba y confiaba en mí.

"Estoy tan feliz,"
El becerro pensó, pateando una y otra vez.
¡Se detuvo y se escucharon mugidos fuertes!
¿Crees que estaba diciendo, "Gracias?"

¡Creció, por supuesto, comiendo toda esa hermosa hierba fresca y dientes de león! Desde luego su barriga se llenaba y tomaba una siesta bajo el sol.

"Me gusta este lugar", se dijo a sí mismo. "Estoy tan contento de que la niña y ese hombre me hayan traído aquí"

Un día caminó por delante de la casa.
Vio que la puerta estaba abierta de par en par.
Rolando asomó la cabeza por la puerta, curioso.

*"¿Qué hay ahí? Entraré y veré". dijo Rolando.
"Nunca he estado aquí"*

Entró a la sala de estar.

¡La mamá, seguro se llevó una sorpresa!
¡Estaba parado en la puerta principal mirando alrededor! ¡Todos nos reímos de Rolando!
Parecía bastante satisfecho consigo mismo.

"¡Eso fue divertido!" Pensó mientras avanzaba afuera de la puerta

Pasó el tiempo.

Las primaveras se convirtieron en veranos y los veranos en otoños. Me iba a ir lejos a la escuela.

Este día salimos a caminar,
y nos sentamos en la hierba debajo de un árbol.
Le agradecí por ser el mejor ternero de todos
y le dije que lo amaba. También le dije que me iría.
Sabía que estaría bien.
"Te extrañaré", le dije.
"El hombre cuidará bien de ti, querido Rolando".

Rolando se acurrucó muy cerca.
La niña lo abrazó.
Fue un tiempo apacible y pacífico,
Dos amigos.

Hi there Girlie,
Roland has gone to a new home.
They wanted a pet cow just like him.
He likes his new yard and the kind family.
The children love him.

A principios del invierno, recibí una carta de mi padre.

Hola Chiquita linda,

Roland se ha ido a un nuevo hogar.

Querian una vaquita por mascota como él.

Le gusta su nuevo jardin y la familia es tan amable.

Los niños lo aman.

Un abrazo fuerte.

Te amo, papá

Rolando se había ido a un nuevo hogar.
Una familia quería una vaca como mascota como él.
Le gustaba su nuevo hogar y la amable familia.

Los niños jugaban con el
y recogían dientes de león para él.
Se divertían mucho juntos.

"Ellos me aman,
como lo hacían la niña y el hombre",
pensó Rolando.

Estoy tan contenta de que haya ido con esa familia.
Vivió muchos años felices con ellos.

Cuando cierro los ojos, todavía recuerdo sus grandes ojos marrones y la mirada que se cruzaba entre nosotros. Era amor y confianza.

Nunca lo olvidaré.

¡Los recuerdos todavía me traen alegría!

¡Fue amor al primer Mugido!

Datos de Terneros Recién Nacidos

1. Los terneros nacen sin sistema inmunológico, por eso es muy importante que obtengan calostro rápidamente después del nacimiento. El calostro contiene los anticuerpos que necesitan para comenzar a construir sus sistemas inmunológicos.
2. Los terneros también tienen dientes súper afilados cuando nacen.
3. Los terneros recién nacidos pueden ver, pararse y caminar.
4. Los terneros empiezan a mugir poco después del nacimiento.
5. Los terneros recién nacidos pesan entre 60 y 100 libras al nacer.
6. Las crías gemelas son raras, por lo general solo ocurre el 10% del tiempo.
7. Las terneras se llaman "novillas", los terneros machos se llaman "toros".
8. Los terneros son alimentados con leche hasta que tienen 8-9 semanas de edad.
9. Los terneros no comienzan a comer pasto hasta que tienen entre 2 y 4semanas de edad.
10. El ganado joven se llama terneros hasta que alcanzan la edad adulta; aproximadamente a los 2 años.

Sean amables con los animales.
Sean amables unos con otros.
Sean amables con ustedes mismos.

*¡Hagan corazones felices en todas partes!

Sobre la autora

"Hija de gandero, esposa, madre,
mediadora, capacitadora, oradora,
autor infantil.
Estos libros afirman los valores probados de la familia,
la ayuda a los demás, la vida interdependiente, y con
respeto, con personas y animales
"¡A los niños les encantarán estas historias!"

www.ingramcontent.com/pod-product-compliance
Lightning Source LLC
LaVergne TN
LVHW050138080526
838202LV00061B/6527